AF262220

LA COURONNE

ET

LES BEAUX-ARTS

A PROPOS DE L'EXPOSITION UNIVERSELLE

La protection des arts est le plus
gracieux privilége de la Couronne.

PAR

CH. PIEL DE TROISMONTS.

Prix : 50 centimes.

EN VENTE CHEZ TOUS LES LIBRAIRES.

1855

LA COURONNE

ET

LES BEAUX-ARTS

Paris. — Imp. de Mme de Lacombe, r. d'Enghien, 14.

LA COURONNE

ET

LES BEAUX-ARTS

A PROPOS DE L'EXPOSITION UNIVERSELLE

La protection des arts est le plus
gracieux privilége de la Couronne.

PAR

CH. PIEL DE TROISMONTS.

Prix : 50 centimes.

EN VENTE CHEZ TOUS LES LIBRAIRES.

—

1855

LA COURONNE

ET

LES BEAUX-ARTS,

A PROPOS DE L'EXPOSITION UNIVERSELLE.

I.

Napoléon III est un de ces hommes dont les anciens disaient : il est aimé des dieux.

Aux gouvernements qui se sont succédé en France depuis l'Empire, rien n'a réussi, et les penseurs superficiels étaient partis de là pour dire que les gouvernements en France étaient impossibles. Au gouvernement fondé au 2 décembre par l'héritier de l'Empereur, tout a réussi, et les écrivains qui trouvaient que la France était ingouvernable, en sont venus à dire que la France était trop gouvernable.

Cette double erreur est l'explication parfaitement claire du problême politique qu'on a l'habitude d'appeler insoluble.

Pourquoi, depuis 1815, la France a-t-elle paru ingouvernable? Parce qu'elle n'avait pas son gouvernement naturel. Pourquoi, depuis le 2 décembre, la France paraît-elle trop gouvernable? Parce qu'elle a son gouvernement légitime.

Rassemblez tous les hommes d'état, tous les publicistes, tous les philosophes, et posez leur cette question ; les hommes d'état, les philosophes qui appartiennent aux anciens partis, se jetteront dans des explications sans fin et, selon l'expression d'Homère, seront des *assembleurs de nuages*. Mais, dans cette cohue d'élite, mettez un philosophe, un homme d'état, un publiciste qui ne soit d'aucun parti et qui ne s'appuie que sur la réalité des faits, et qui ne croit pas aux préjugés, et qui croit à l'observation, cet homme verra aussitôt clair dans la nuit, et, sans aucun effort, il ira droit aux choses autour desquelles les autres s'égarent parce qu'ils ont un bandeau sur les yeux.

L'homme qui est en dehors des partis, et qui juge les événements de notre histoire contemporaine, est tout simplement un homme qui a deux bons yeux et qui s'en sert ; les autres, si grands qu'ils soient et tant d'esprit qu'ils aient, jouent à *cache-cache*.

Je n'ai donc pas la prétention d'avoir plus d'intelligence ou d'esprit que le premier venu, mais je suis forcé d'avouer que je suis dans de meilleures conditions pour voir et juger les événements. C'est ainsi que, dès le mois de janvier 1852 (1), j'annonçais l'Empire comme une conséquence historique, naturelle, des troubles civils qui agitaient la France depuis le 24 février 1848, *sous le désordre, et depuis* 1815, *sous l'ordre.*

L'ordre apparent n'est pas l'ordre véritable ; un gouvernement qui dure quelques années parce qu'il est une barrière contre l'anarchie, ne peut pas se prévaloir de sa durée provisoire, pour dire qu'il est le gouvernement véritable

---

(1) Voir *l'Empire, Mémoire aux hommes d'état d'Europe,* en vente chez Michel Lévy.

d'une grande nation. Le signe caractéristique qui est placé par Dieu au front des pouvoirs légitimes est celui-ci : Il faut que les pouvoirs trouvent leur développement facile et qu'ils marchent sans obstacle.

Tel est le signe auquel on doit reconnaître les empereurs et les rois *de droit divin*.

Si Charles X, le bon roi, si Louis-Philippe, le roi habile, n'ont pu gouverner la France qu'au milieu de crises successives qui ont précédé la catastrophe dernière, il faut en conclure que le gouvernement de la branche aînée des Bourbons, prétendue légitime, et le gouvernement de la branche cadette, prétendue nécessaire, n'étaient que des pouvoirs d'occasion. Si, au contraire, le gouvernement de Napoléon III ne rencontre dans l'esprit national aucun obstacle, et si, selon l'expression de M. le prince de Metternich, la paix et la guerre passent comme une *lettre à la poste* sous le gouvernement de l'Empereur Napoléon, il faut en conclure que l'Empire est le gouvernement qui correspond à tous les instincts, à toutes les idées, à tous les sentiments de la France moderne.

Ce court préambule était nécessaire pour bien faire comprendre le rôle, dans notre civilisation, de l'Empereur Napoléon III, et par conséquent son influence de premier ordre, ce qu'en poésie on appelle *l'influence secrète*, sur les arts, dans cette seconde moitié du XIXe siècle. Quand on est un gouvernement *élu de Dieu*, qui préside aux destinées d'une société aussi compliquée et aussi grande que la société de notre époque, on ne correspond pas seulement aux intérêts, on correspond encore à l'imagination, et ce sera la gloire, l'éternelle gloire de Napoléon III, d'avoir sauvegardé tous les intérêts matériels en France, et en même temps d'avoir relevé tout ce qui est du ressort de la conscience, c'est-à-dire les intérêts moraux, et tout ce qui est du ressort de l'imagination, c'est-à-dire les beaux-arts.

III.

Paris a été assaini, ouvert, embelli, comme
d'un coup de baguette magique, par l'Empereur
Napoléon III. Cet immense foyer de la civilisation universelle, où le pauvre étouffait faute
d'air et où l'architecte étouffait aussi faute d'ar-
gent, Paris a été rajeuni et renouvelé de fond
en comble dans l'espace de trois années. L'Empire a fait, pour son début, ce que les royautés
de 1815 et de 1830 n'avaient pu faire dans
toute la durée de leur règne.

Comme Dieu avait parlé à des gens qui ne veulent pas entendre et qui ne veulent pas voir, il
a pris le meilleur moyen de parler à des aveu-
gles et à des sourds ; il a dit aux marteaux et
aux truelles de l'industrie : Allez toujours ; et

aux palais : Elevez-vous. Les palais s'élèvent, l'industrie ne s'arrête pas, tous les bras sont en mouvement, le fer et le moellon semblent avoir reçu cette chiquenaude célèbre dont Pascal parlait à propos de la création selon Descartes.

Le Louvre est presque achevé, et l'Exposition universelle va étonner le monde.

On dirait que le Créateur a dit : *Fiat lux*, et en effet, Napoléon III, l'héritier de 89, le représentant de la société nouvelle, a dit : Que le monde soit, et le monde sera.

Ici, je demande la permission de me citer moi-même et de reproduire le portrait du grand homme qui gouverne la France, portrait que j'ai tracé avant l'Empire.

PORTRAIT DU PRINCE LOUIS-NAPOLÉON BONAPARTE.

« Lorsque l'artiste demanda à Napoléon comment il voulait être représenté dans le tableau du mont Saint-Bernard, on sait que le grand homme répondit : *Calme sur un cheval*

fougueux. L'héritier de l'Empereur s'est mon-
tré, depuis la révolution de 1848, tel que son
oncle voulait être représenté au passage du
Saint-Bernard. Les partis frémissaient sous
lui, les passions désordonnées se livraient à tous
les écarts, l'abîme était à deux pas. Le prince
Louis-Napoléon Bonaparte conservait son
calme souverain.

» L'intelligence profonde des événements et
le calme imperturable au milieu des plus ter-
ribles orages, tels sont les deux traits princi-
paux du caractère du Prince.

» Les ministres de Louis-Philippe et Louis-
Philippe lui-même, qui jugeaient les choses à
la surface et les hommes à première vue, s'é-
taient dit après Strasbourg et Boulogne : Le
prince Louis est un chevalier français qui se
jette dans les aventures sans considérer la fin.
Pauvres myopes ! Quand le prince Louis fit les
tentatives de Strasbourg et de Boulogne, il
savait très bien qu'il ne réussirait pas à ren-
verser le gouvernement de Louis-Philippe ; il
prévoyait seulement les tempêtes prochaines,
les orages à courte échéance, la vacance du

trône, et il posait la candidature de l'héritier de l'Empereur. C'est Louis-Philippe et ses ministres qui étaient les imprévoyants et les étourdis, et qui faisaient de la politique au jour le jour. Le prince Louis, en affrontant les échecs momentanés, préparait les assises de sa grandeur future. C'était Louis-Philippe qui faisait des échauffourées, le prince Louis faisait de la vraie politique d'homme d'État. On ne le connaissait pas, il se mettait en avant. On ne savait pas où était l'héritier de l'Empereur, et il apparaissait à la frontière. La Cour des Pairs, parfaitement prévue dans sa pensée, était le seul piédestal du haut duquel il pût se montrer et parler à la France.

» Depuis que les événements ont donné raison à l'héritier de l'Empereur, les esprits les moins clairvoyants ont vu les immenses trésors d'intelligence que contient la tête du Prince. On avait accordé de l'esprit à Louis-Philippe, parce qu'il parlait beaucoup et facilement ; c'était de l'esprit sans doute, mais du très petit esprit. Le prince Louis-Napoléon Bonaparte parle peut et pense énormément. Quand Louis-

Philippe écrivait et parlait, c'était une série de lieux communs. Quand le prince Louis-Napoléon écrit ou parle, il n'émet que des pensées sérieuses et profondes. Chacune de ses phrases vaut un long discours ; et s'il n'était pas un chef de dynastie, s'il n'était qu'un simple citoyen, la postérité l'eût rangé parmi les écrivains du dix-neuvième siècle qui ont le coup d'œil le plus juste, la phrase la plus nette et la plus large, avec le tour le plus original.

» Il y a du Montesquieu dans cet héritier de César.

» Et, si de l'intelligence nous passons au caractère, quelle admirable patience il a développée pendant trois ans ! Entouré de piéges, circonvenu par toutes les trahisons, ne s'appuyant que sur les hommes d'État préparant sa ruine, il n'a pas perdu un seul moment son sang-froid ; il a attendu que la mesure fût comble et que le vase débordât pour se replacer à la tête de ces immenses populations qui avaient mis tout leur espoir en lui, et pour briser les partis qui s'étaient jetés en travers de la grande route nationale avec leurs passions misérables et leurs appétits cyniques.

» La longanimité du Prince n'eut de limites que cette année 1852, qui allait être le signal de la ruine de la France ; il avait tout supporté, tout enduré, tant qu'il ne s'était agi que de lui-même et des prérogatives de son pouvoir. Dès que les destinées de la France entrèrent en jeu, dès que le salut de la société fut mis en question, le prince Louis-Napoléon Bonaparte n'hésita plus, il se dit qu'il n'avait plus le droit d'être patient, que c'était pour lui un devoir d'être énergique et d'enlever la voix aux partis pour donner la parole à la France. »

Quand j'ai fait ce portrait je prévoyais parfaitement toutes les splendeurs de Napoléon III. Avec une pénétration fort ordinaire je lisais dans l'avenir, comme dans un livre ouvert, et, après avoir essayé de comprendre le prince Louis Bonaparte, je voyais se dessiner nettement la figure de l'Empereur Napoléon III.

On m'a dit alors que j'exagérais à plaisir, et qu'au lieu d'écrire en historien, j'écrivais en courtisan ; il est aujourd'hui démontré que le courtisan était un historien, et en présence des prodiges accomplis par l'Empereur, il serait possible qu'on me reprochât d'être resté au-dessous de la vérité. Mais qu'importe ce qu'on peut dire, soyons toujours clairvoyants et vrais; le reste est de peu de valeur.

J'ai donc à dire aujourd'hui, que restaurateur de l'ordre dans la société, Napoléon III est aussi le restaurateur des beaux-arts. J'arrive naturellement par là à l'Exposition Universelle.

Cette Exposition Universelle, qui s'ouvre aujourd'hui 18 mai, sera une des dates mémorables de l'histoire de France; et l'on va parler dans le monde entier de ce palais qui s'est élevé, en quelques jours, comme par enchantement, au bout de l'avenue Montaigne ; car n'est-ce pas un palais magique où vont se trouver réunis les grands artistes de la France et du monde, et où l'œuvre entière dont les fragments étaient épars, d'Ingres, de Delacroix, d'Horace Vernet, se trouvent réunis en faisceaux.

L'art de ce temps, l'art de la France au XIXe siècle est un des plus riches joyaux de la couronne de Napoléon III, et quand on pense que la couronne impériale s'enrichit de ce brillant joyau, fruit ordinaire de la paix, au moment où la gloire militaire de la France grandit sur les champs de bataille, et où nos soldats enlèvent des drapeaux aux ennemis pour en faire l'ornement des Invalides.

Napoléon III cumule toutes les gloires, celles de la guerre et celles de la paix.

III.

La raison finit par avoir raison, a dit un
grand écrivain. Mais ce grand écrivain n'a pas
ajouté que le jour de ce triomphe ressemble à
une espèce de *Jugement dernier* où chacun est
jugé selon ses œuvres, et où rien ne s'oppose
plus aux desseins de la justice divine. Aujour-
d'hui la raison a raison, et voyez, en effet,
comme tout vit, marche et se développe. Le
chef auguste qui préside aux destinées de ce
grand pays ne rencontre aucun obstacle ; bien
plus, les ministres de sa volonté souveraine
semblent choisis exprès et être venus se ran-
ger à côté de lui par un ordre d'en haut.

Voyez ce prince héritier de l'Empire ! avant
de venir présider aux fêtes de la paix, il a com-

mencé par porter en Orient, sous les murs de Sébastopol, en face de la puissance moscowite, le nom le plus glorieux de ce siècle et peut-être de tous les siècles.

Le prince Napoléon résume admirablement en sa personne, le double caractère de la France moderne : le côté guerrier, quand il s'agit de protéger la civilisation contre la barbarie ; le côté industriel et artiste, quand il s'agit de développer la civilisation.

Il est bien heureux pour notre temps, que ce soit le même Prince, qui vient de combattre contre les Russes, qui soit président de l'Exposition Universelle. Ne dirait-on pas que ce Prince illustre a une clef dans chacune de ses mains : la clef du temple de la guerre, la clef du temple de la paix.

Le Prince Napoléon est l'auguste symbole du présent et de l'avenir.

Le ministre des beaux-arts est aussi un homme admirablement choisi pour seconder les desseins de Napoléon III. Homme de grande fortune et né pour toutes les élégances, M. Achille Fould était déjà, sous le gouvernement parlementaire, un politique de premier ordre, un financier qui n'avait plus de rivaux. Dans ses fonctions de ministre d'État, M. Achille Fould a révélé des facultés nouvelles, et ce que lui doivent les arts ne sera pas une des moins belles pages du nouvel Empire.

M. Achille Fould est un homme d'Etat, un financier et un parfait connaisseur en matières d'art. C'est le lord Georges Bentinck de la France.

IV.

Empereur guerrier et Empereur artiste, Napoléon III ouvre l'Exposition des beaux-arts, au moment où il lutte contre la Russie.

La Crimée et l'Exposition universelle sont les deux faces glorieuses de la figure impériale.

C'est bien l'Empereur Napoléon III qui est l'aigle à deux têtes.

Napoléon III est la France tout entière.

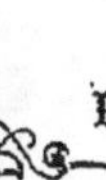

Paris. — Imp. de Madame de Lacombe, rue d'Enghien, 14.

de France et sur les ordres du duc de Choiseul ne ménagèrent pas un grand nombre d'édifices récents que le peuple vit disparaître avec regrets, se souvenant de ce qu'ils lui avaient coûté. Combien ne vit-on pas de châteaux d'alors convertis en maisons de fermes ou en casernes et d'œuvres d'art brisées, le travail du serrurier Lamour lui-même eût bien des fois l'affront de se voir en promiscuité avec la ferraille dans la hotte du chiffonnier.

XII

CE devient donc devant la vérité historique, l'auréole officielle du Roy-Duc, dont les manifestations, par lui commandées, sont payées des deniers des contribuables, non dans l'enthousiasme d'une souscription volontaire, mais sous forme d'impôt obligatoire.

C'est le garnisaire insolent qui s'installe au foyer du pauvre qui l'héberge, et qui le contraint à vider son escarcelle dans les coffres royaux, pour permettre au voluptueux protecteur de la marquise de Boufflers, de faire, à sa façon, des générosités.

A chaque don gracieux du grand Roy, quelques-uns de ses sujets, voient mettre à l'encan, leurs misérables mobiliers et songent à l'émigration.

Ce qu'est le bilan de cet homme, tant comme Roy, administrateur ou financier, que comme artiste et bienfaisant, nous l'avons vu.

— Son règne s'est passé à détruire l'esprit lorrain dans son duché ; les remontrances de son Parlement nous disent quel financier ce fût ; il permit que ses sujets fussent livrés sans protection à ce cupide La Galaizière, dont la haine populaire a su faire justice, et contre 2 millions de revenu annuel, consentit à le couvrir de sa propre responsabilité.

— Il détruisit, pour les remplacer par les ouvrages de mérite, il est vrai, mais trop hâtivement préparés et réalisés de Mique et Héré ; les chefs-d'œuvre de Boffrand et les plus beaux monuments de l'Art lorrain, élevés sous les règnes des anciens Ducs.

— Il ne respecta pas le tombeau du Téméraire.

— Quant à la Légende de Saint-Dié, à quoi se réduit-elle ?

— Nous voyons Stanislas bénéficier des arrérages de trois années de l'impôt extraordinaire de cent mille francs, qu'il inflige à son peuple, et exiger des Déodatiens la glorification de son nom, profitant du malheur de la cité vosgienne, pour lui vendre, au prix du cours, les bois de ses forêts.

— Enfin, il traite avec ingratitude, cette famille si respectée des anciens Ducs, qui, eux puissants alors, l'avaient reçu, lui persécuté et poursuivi.

Voilà comment et à quel prix s'est élevé l'échafaudage de cette gloire royale.

C'est pourquoi, il est bon de conserver toujours sur la place principale de la capitale lorraine, la statue du vieux Roy, montrant de son index tendu, l'emplacement de tout ce qu'il a détruit, tournant le dos à la Maison communale, à la maison du peuple, qu'il a si bien laissé exploiter par le trop fameux La Galaizière, qu'il doit traîner à sa suite dans l'histoire.

Leur souvenir ne doit pas s'effacer de la mémoire des Lorrains qui ne manqueront pas de réformer le jugement courtisanesque du jurisconsulte Thimothée Thibaut de Monbois.

Le peuple rendra ainsi un arrêt juste, éclairé

et gratuit, qualités qui ne distinguaient pas les lourdes flatteries du procureur Thibaut.

Lucien HUMBERT,

Architecte, gradué en droit.

9 782013 349581